Dieses Buch gehört:

....

Malbuch für Erwachsene
und Kinder ab 8 Jahren

ART
Klassik

PFERDE

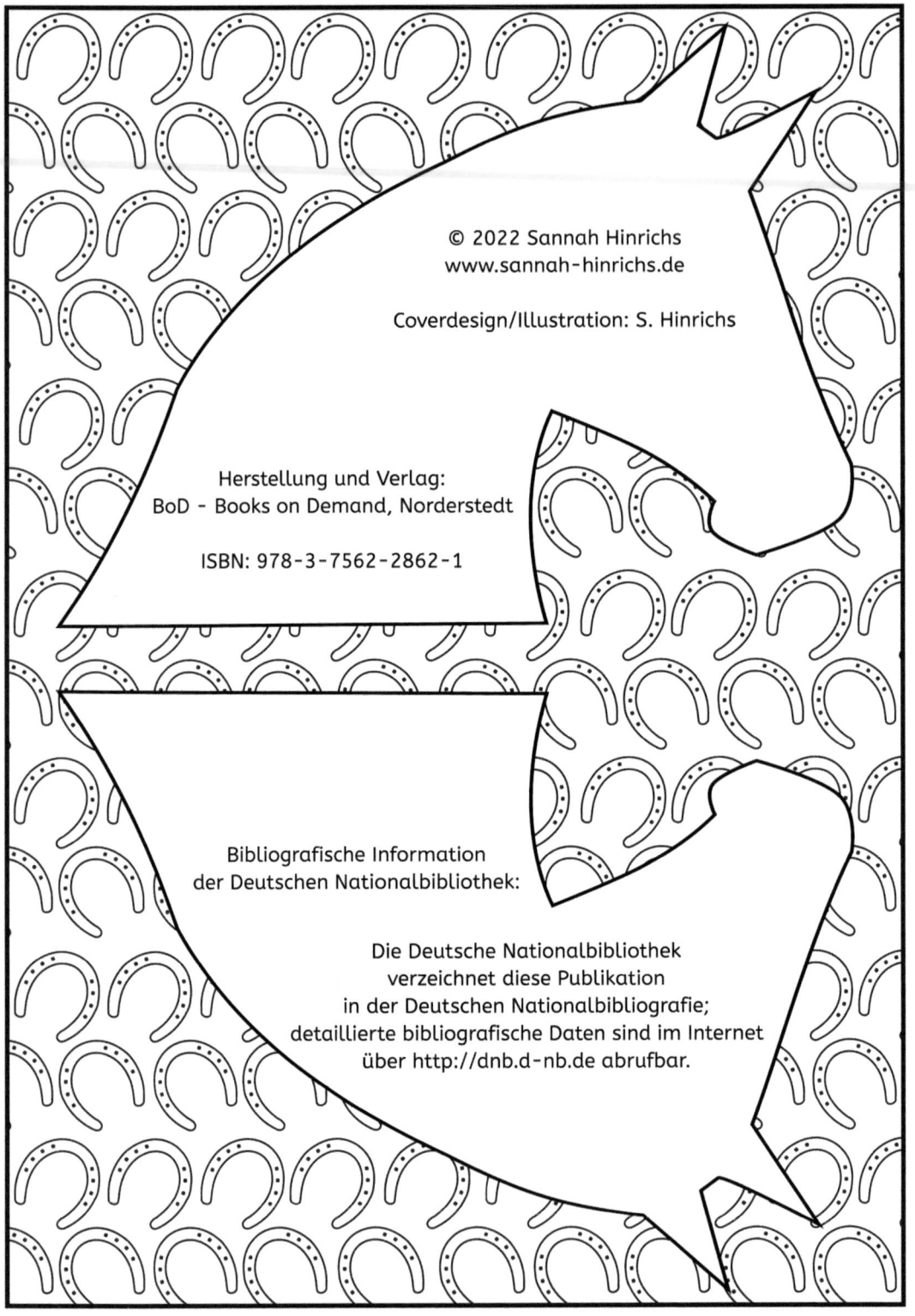

Herstellung und Verlag:
BoD - Books on Demand, Norderstedt

ISBN: 978-3-7562-2862-1

Bibliografische Information
der Deutschen Nationalbibliothek:

Die Deutsche Nationalbibliothek
verzeichnet diese Publikation
in der Deutschen Nationalbibliografie;
detaillierte bibliografische Daten sind im Internet
über http://dnb.d-nb.de abrufbar.

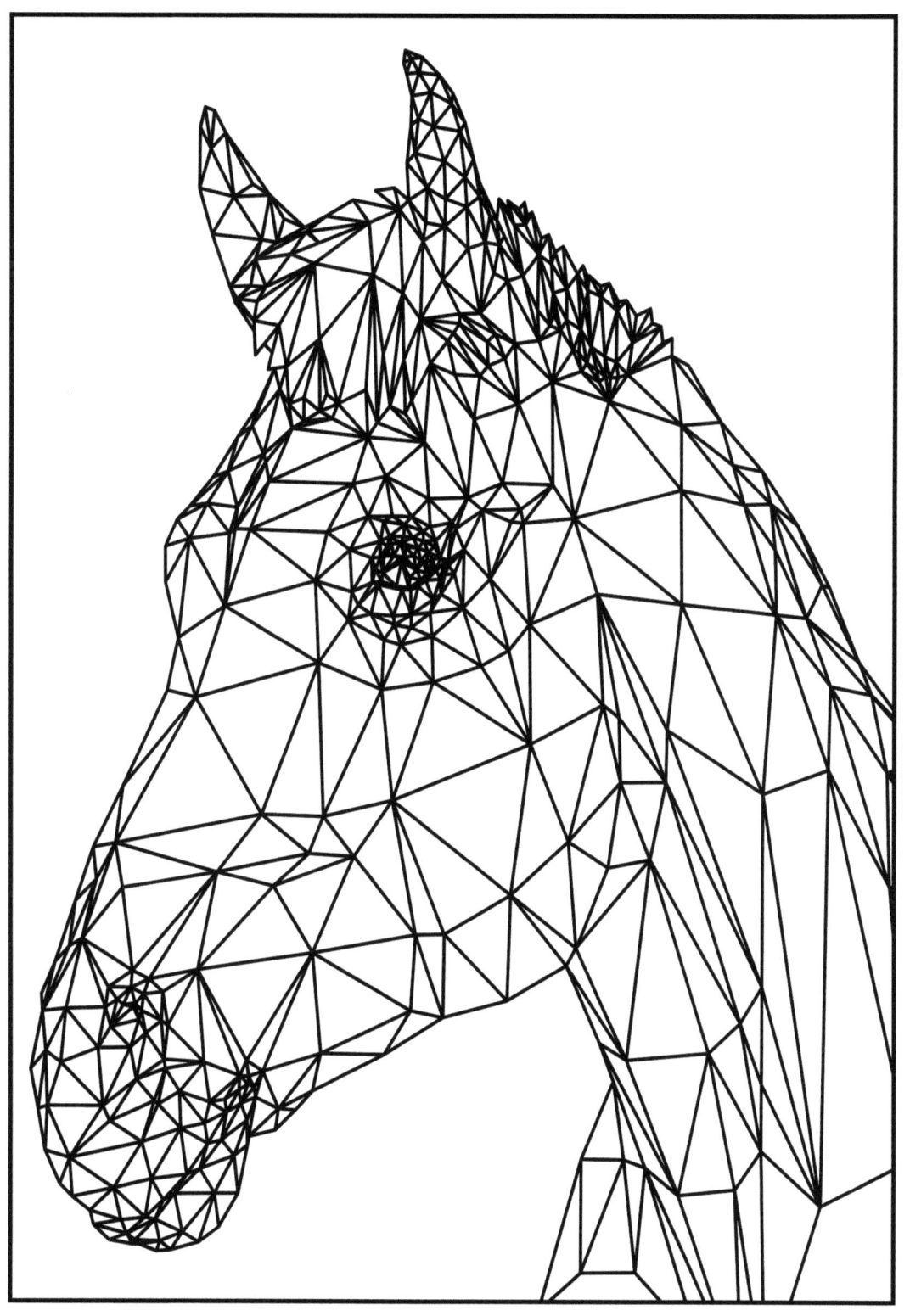

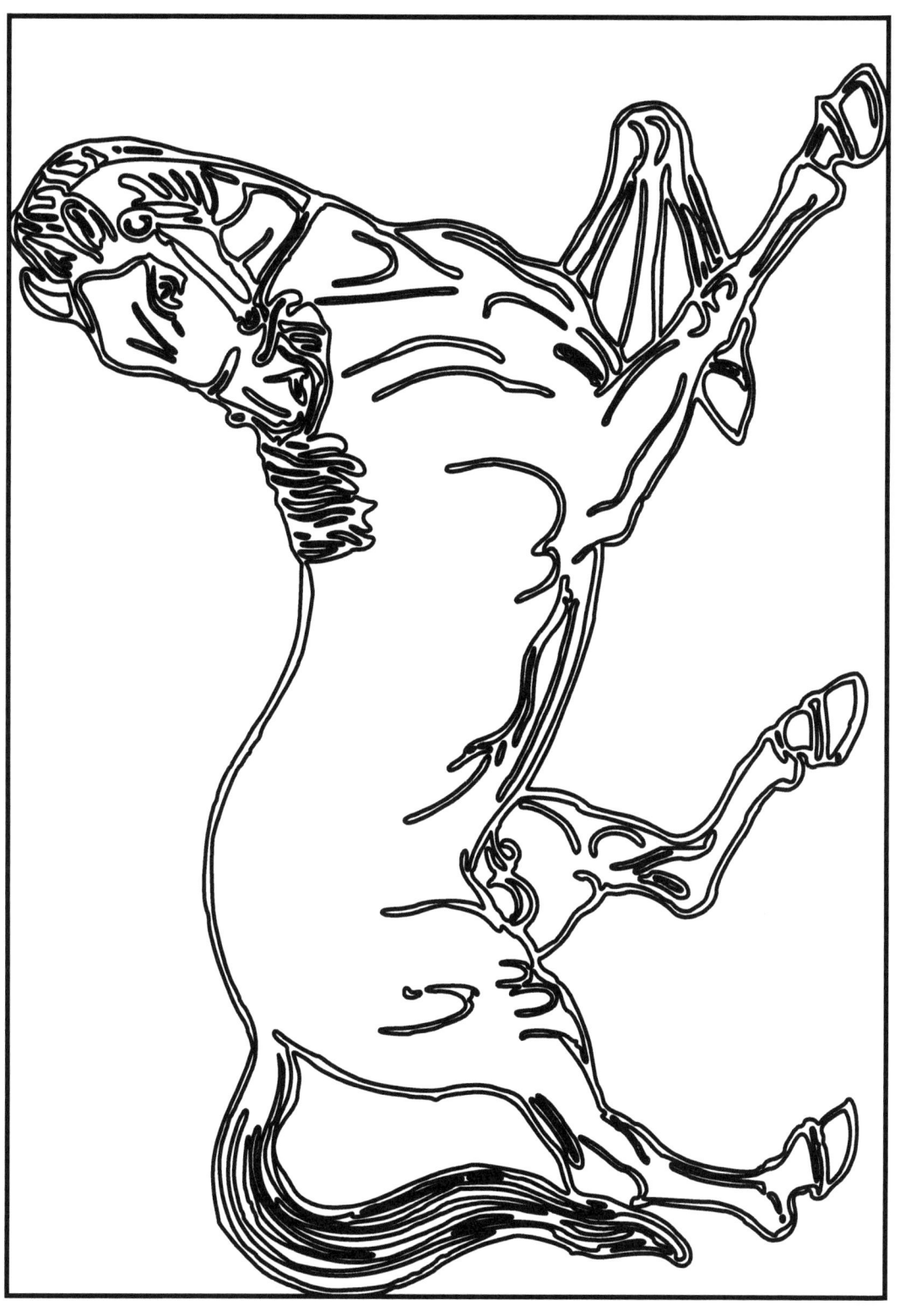

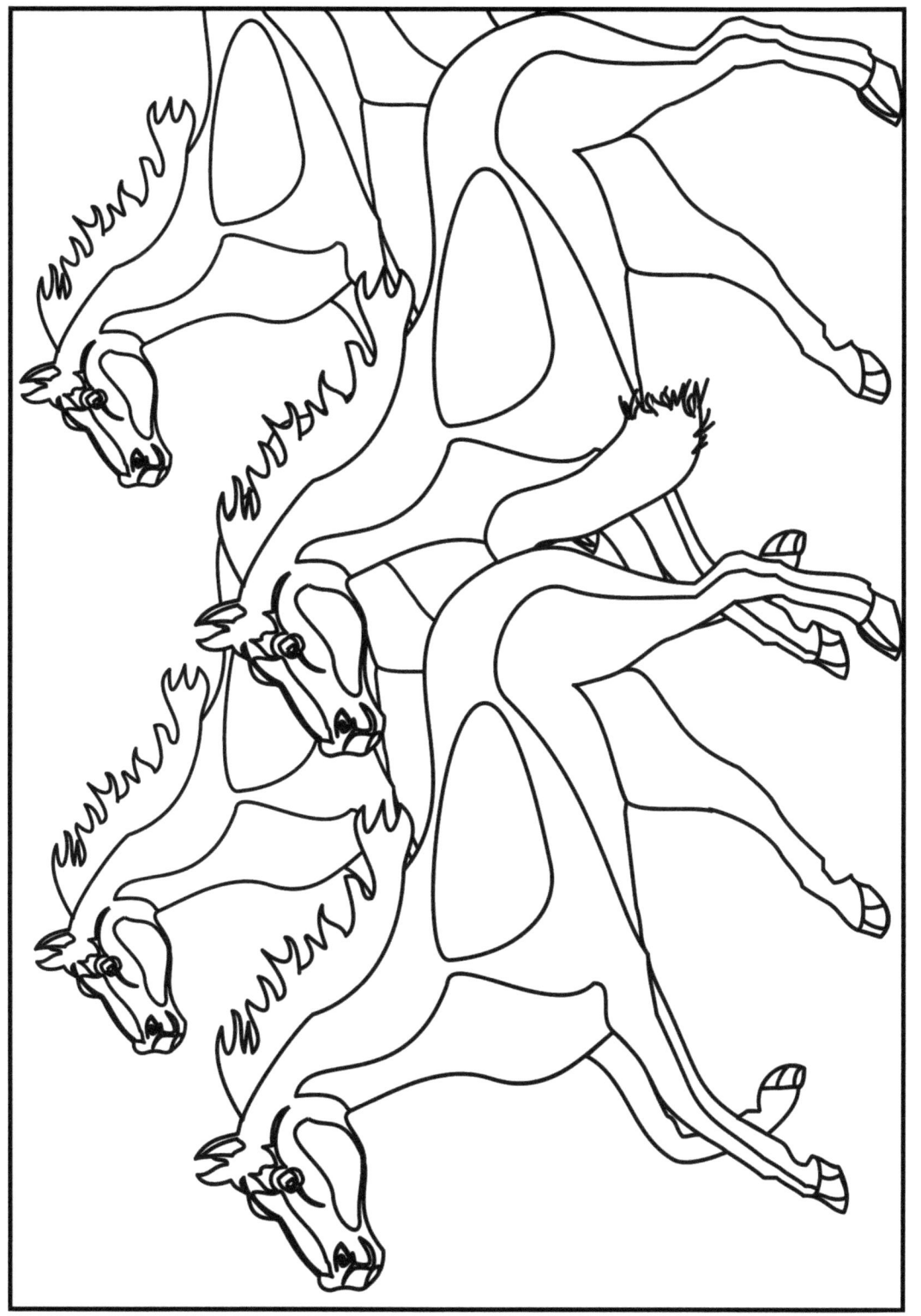

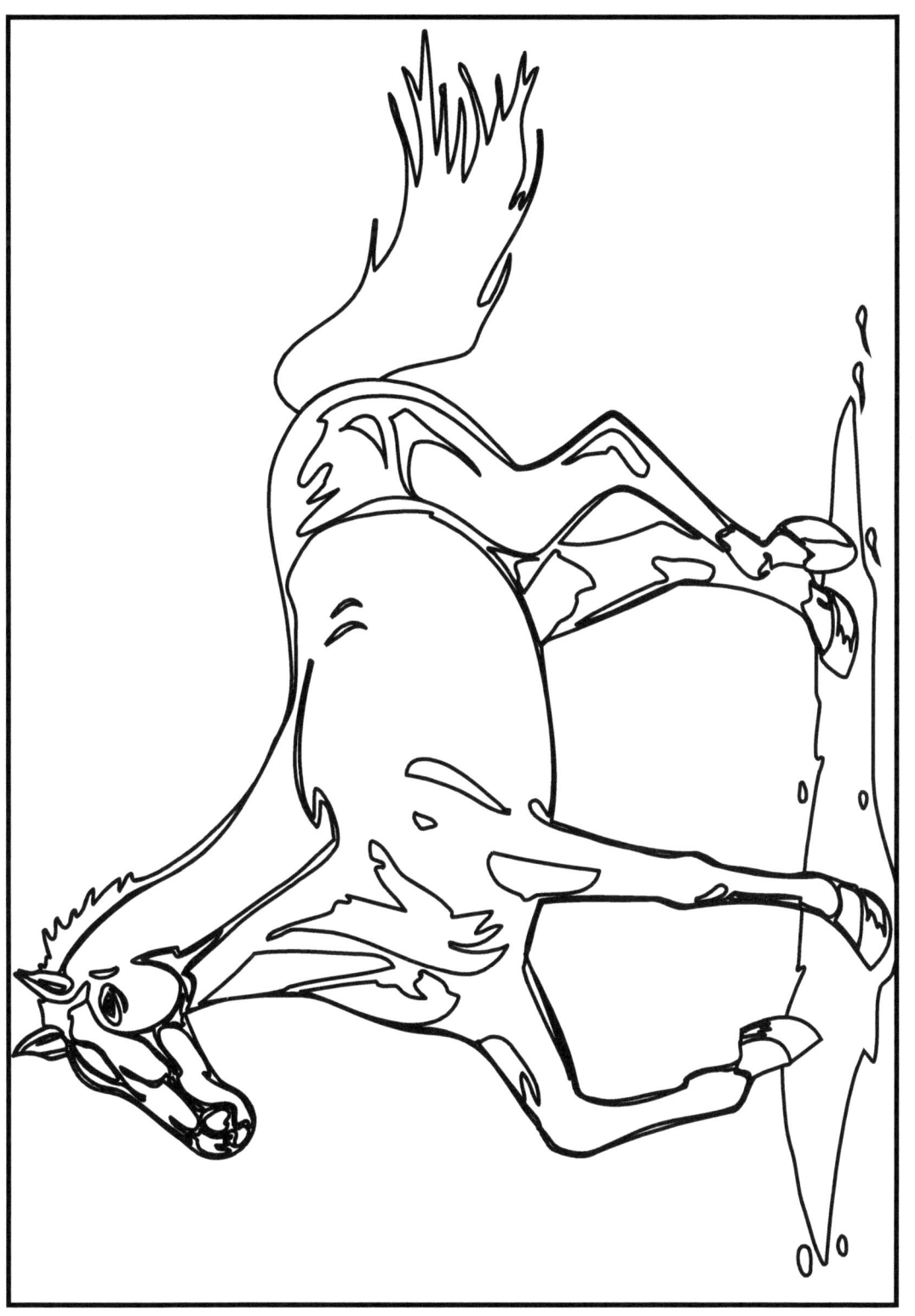

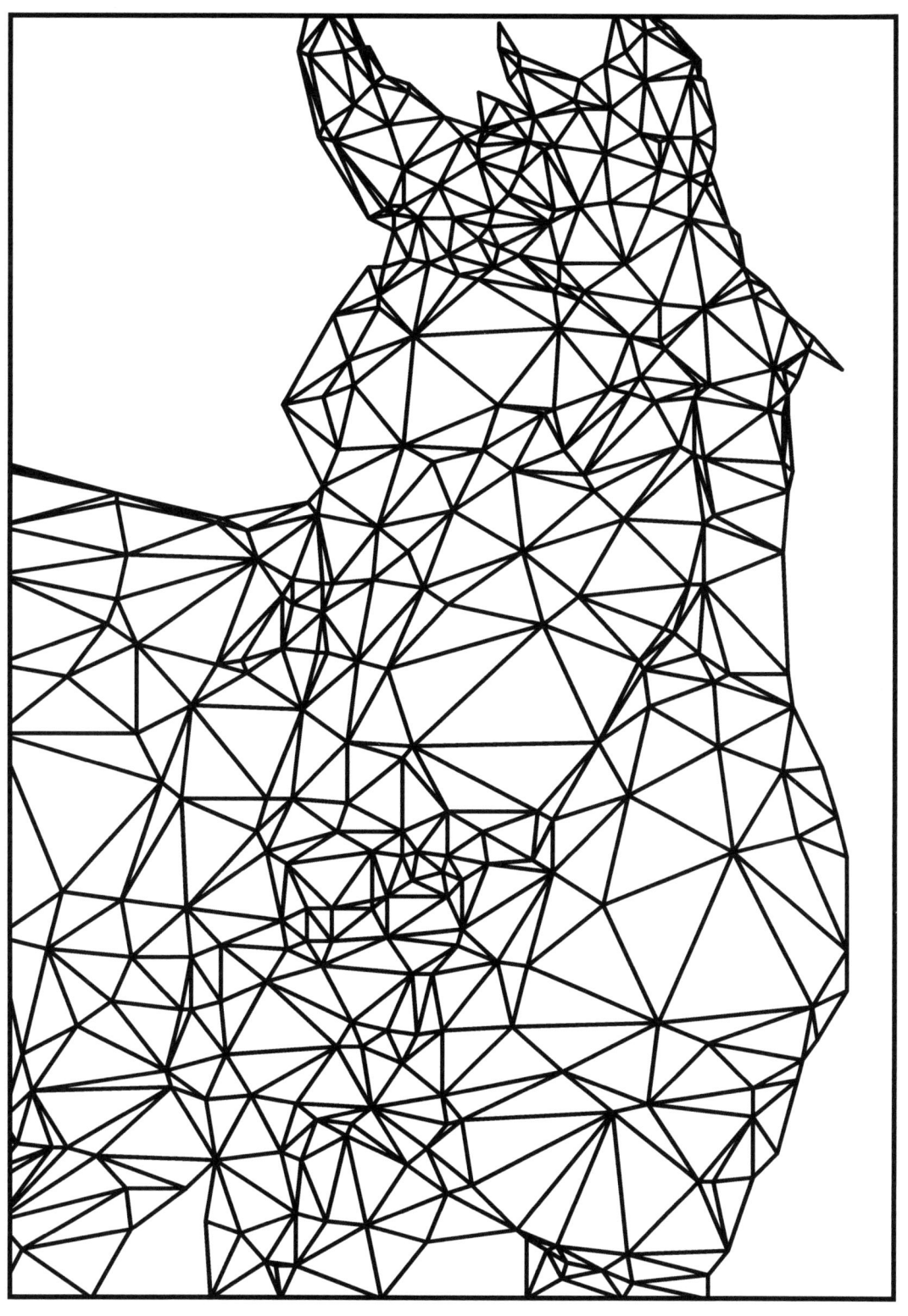

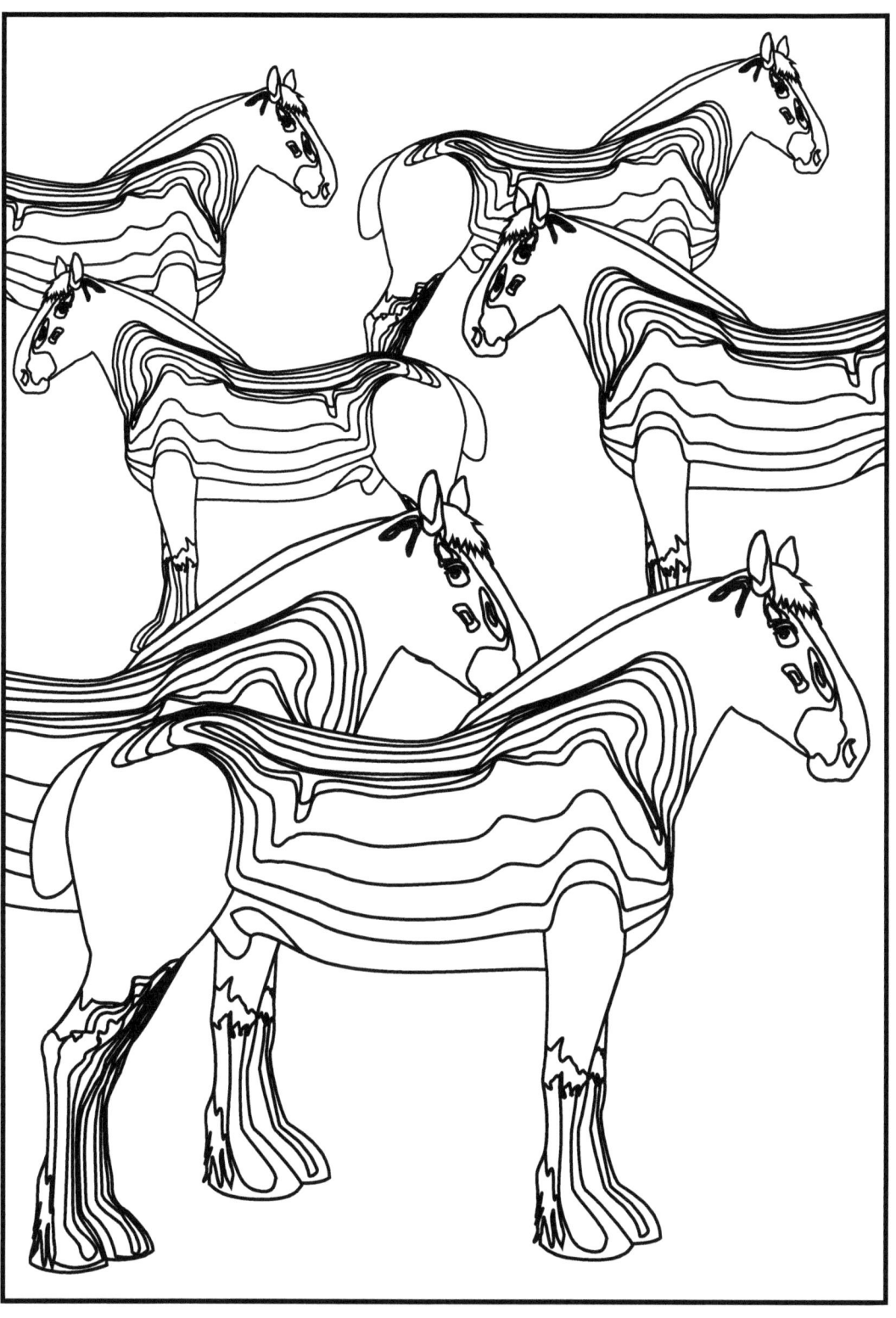

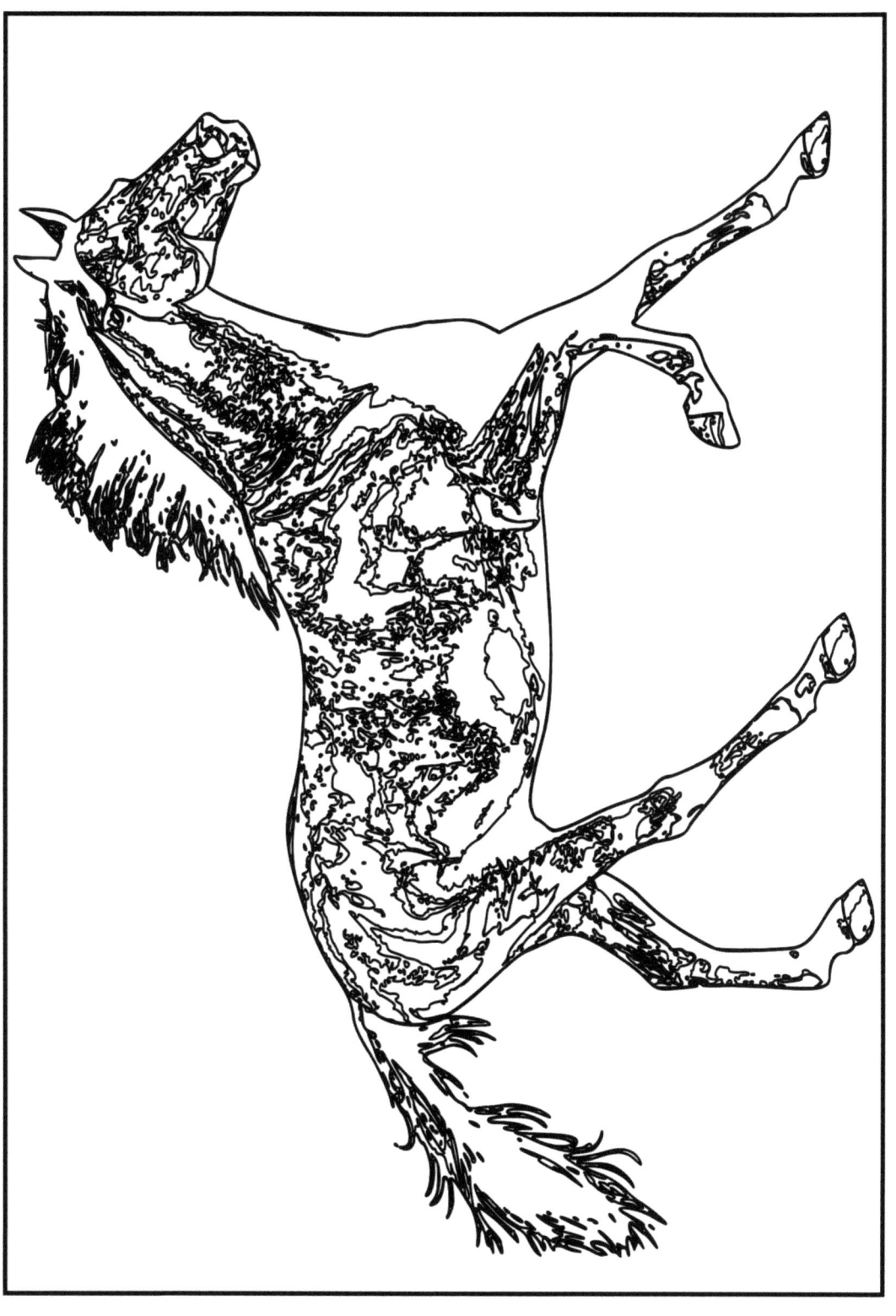

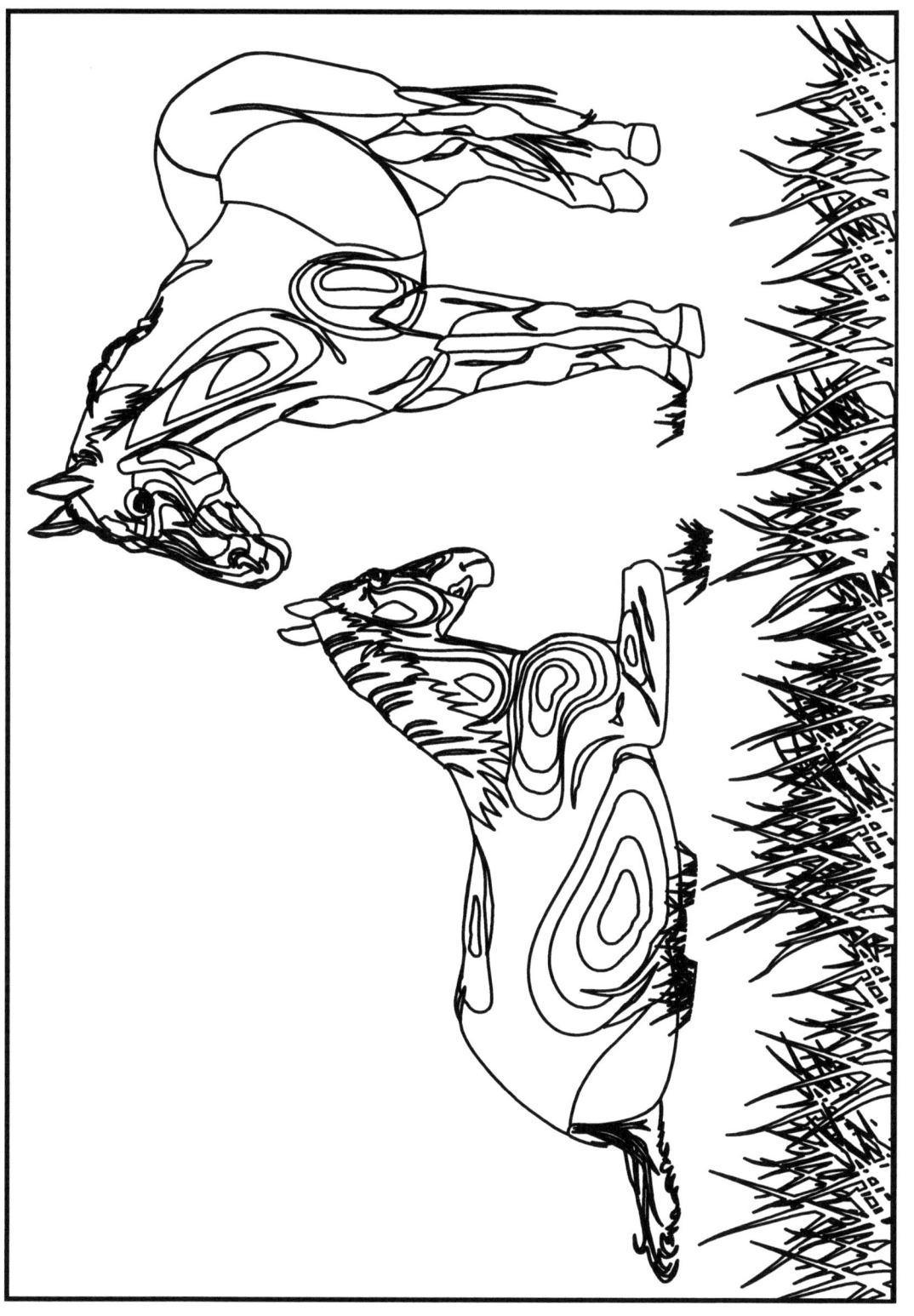

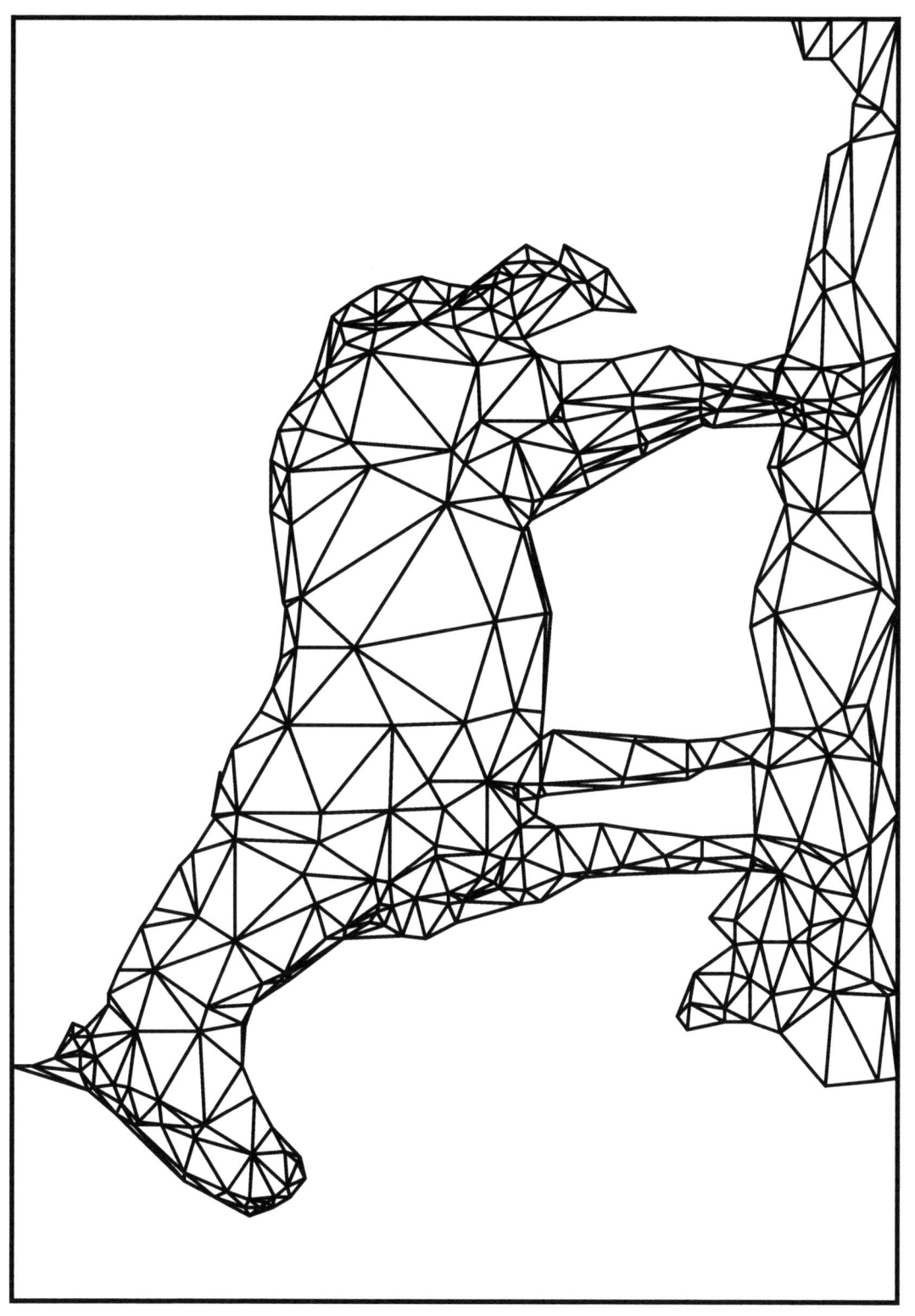

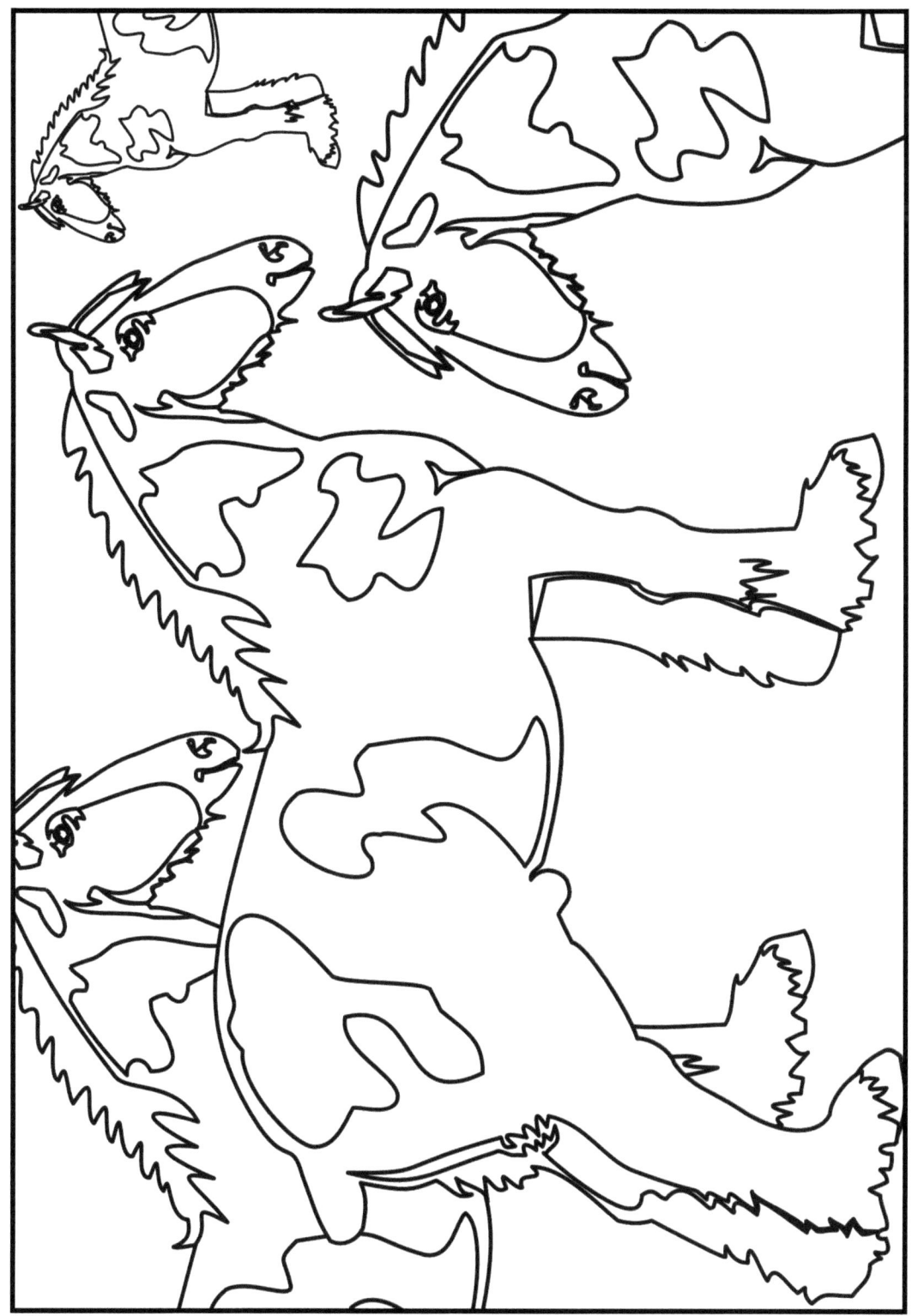

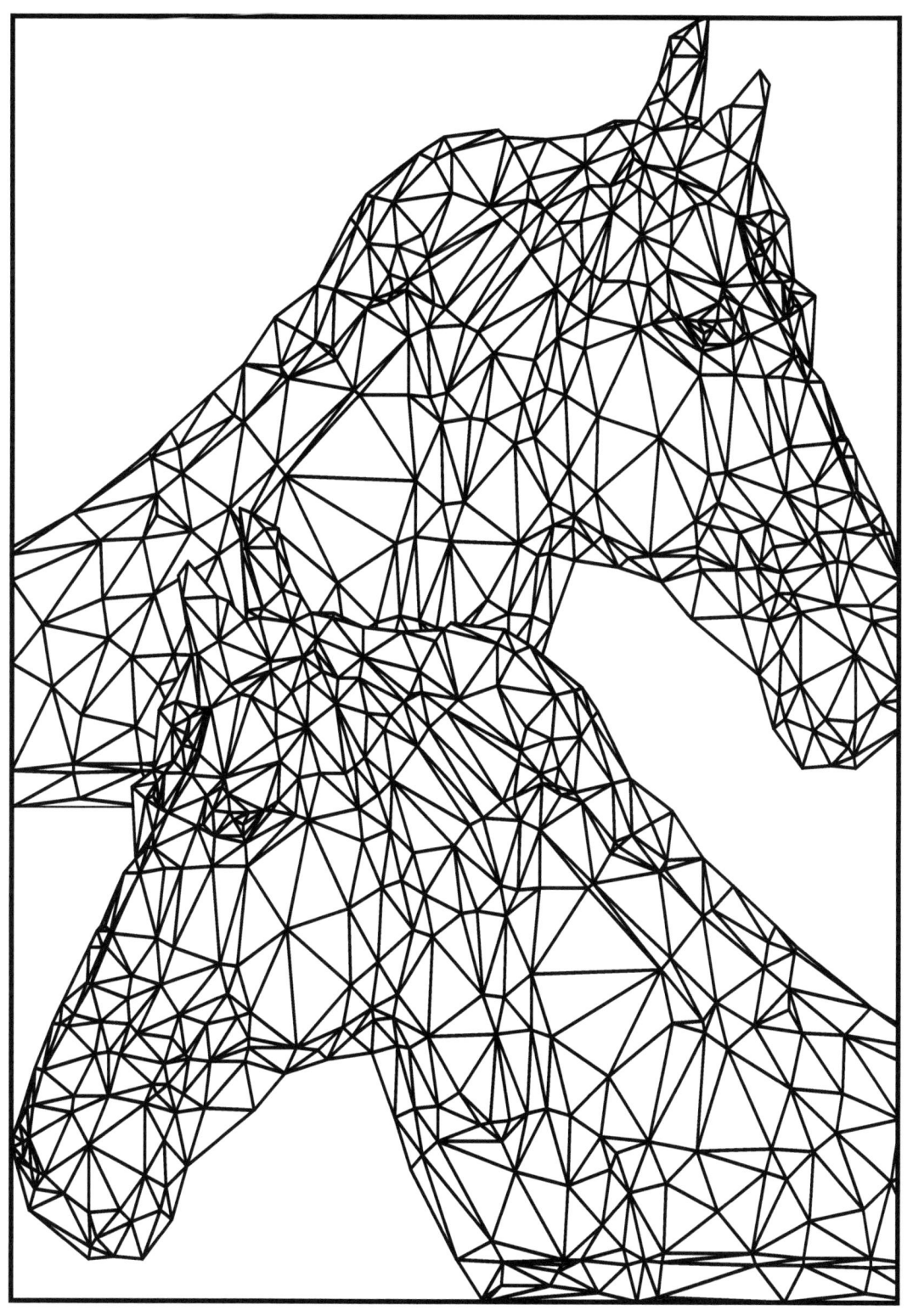

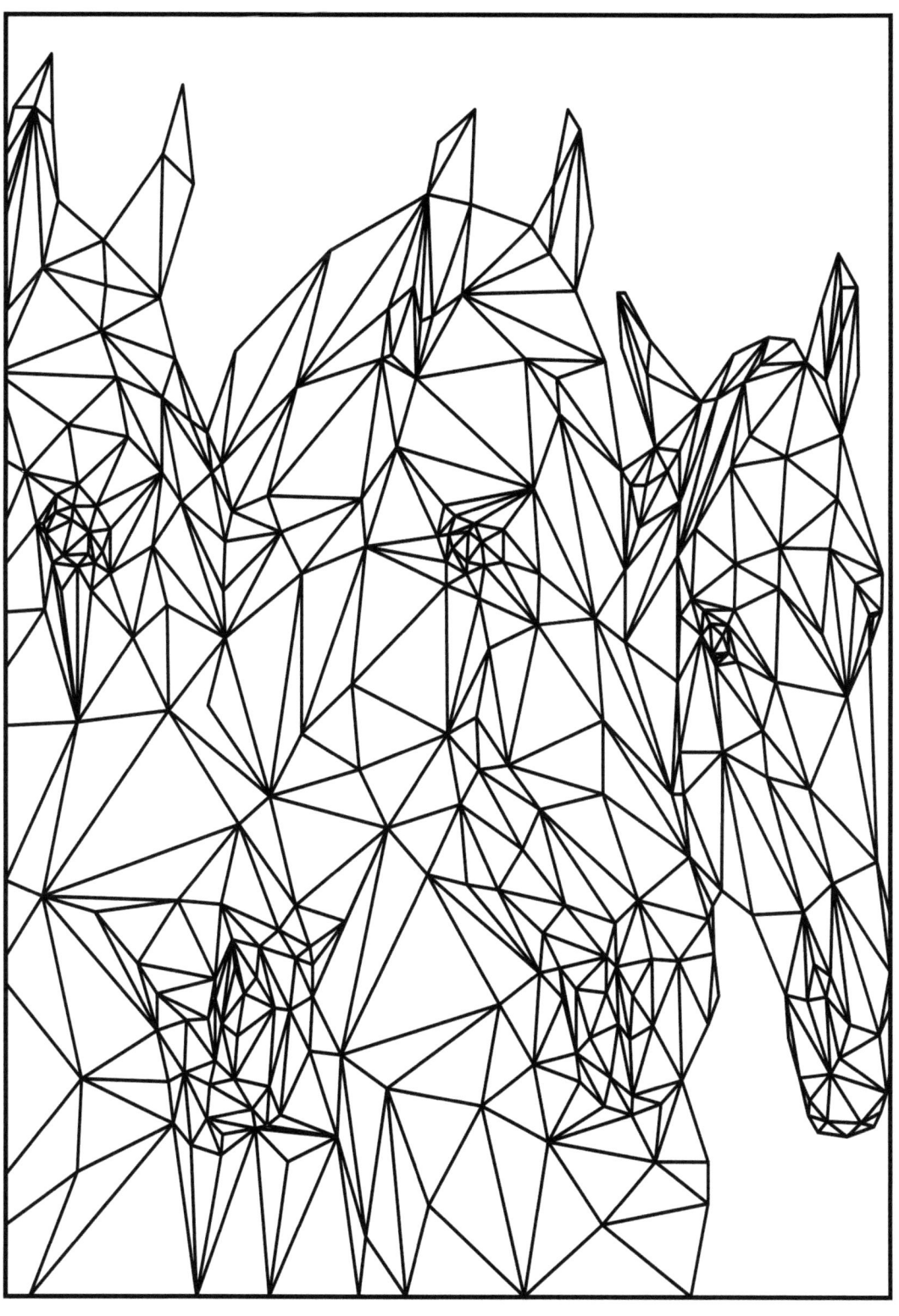

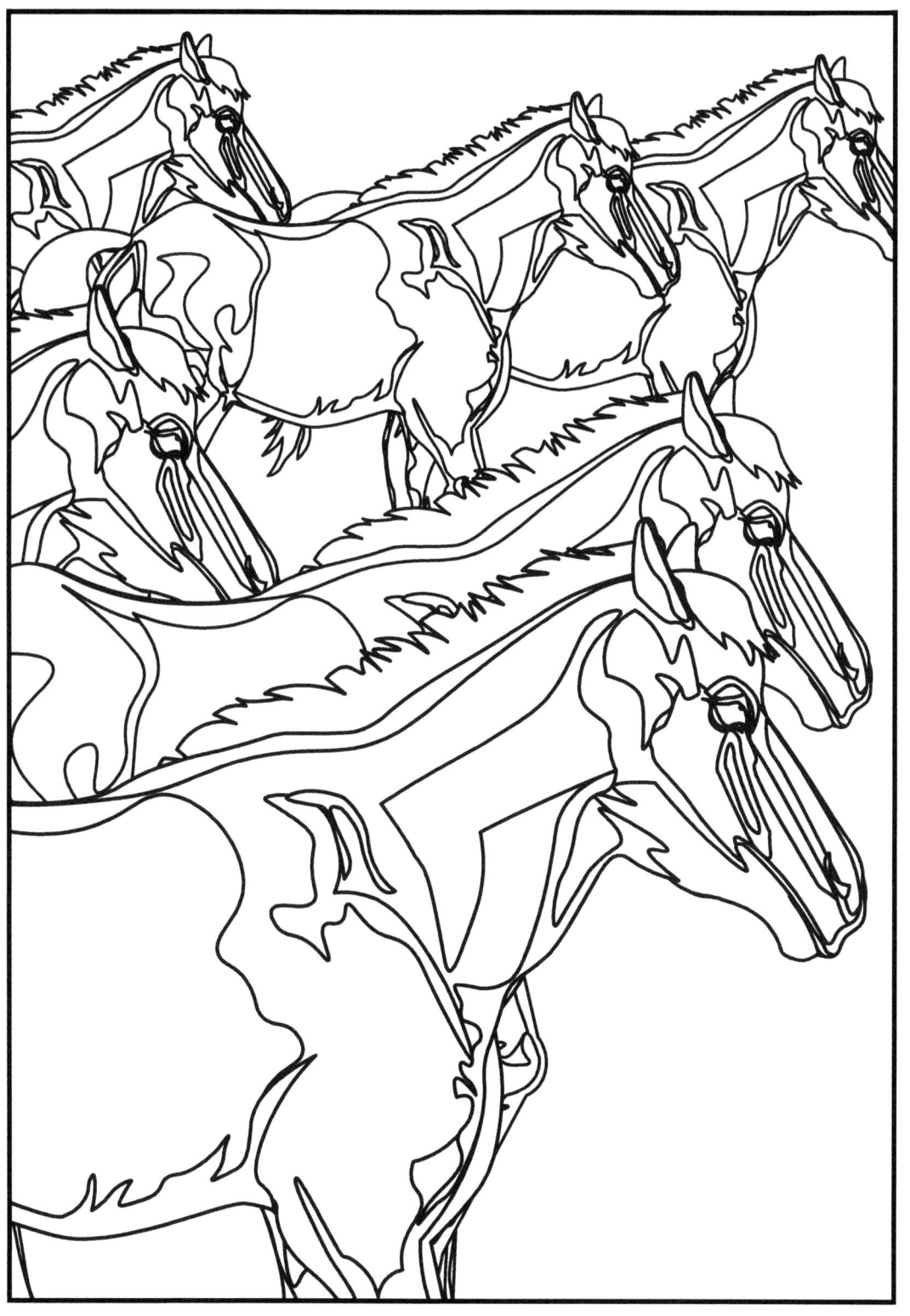

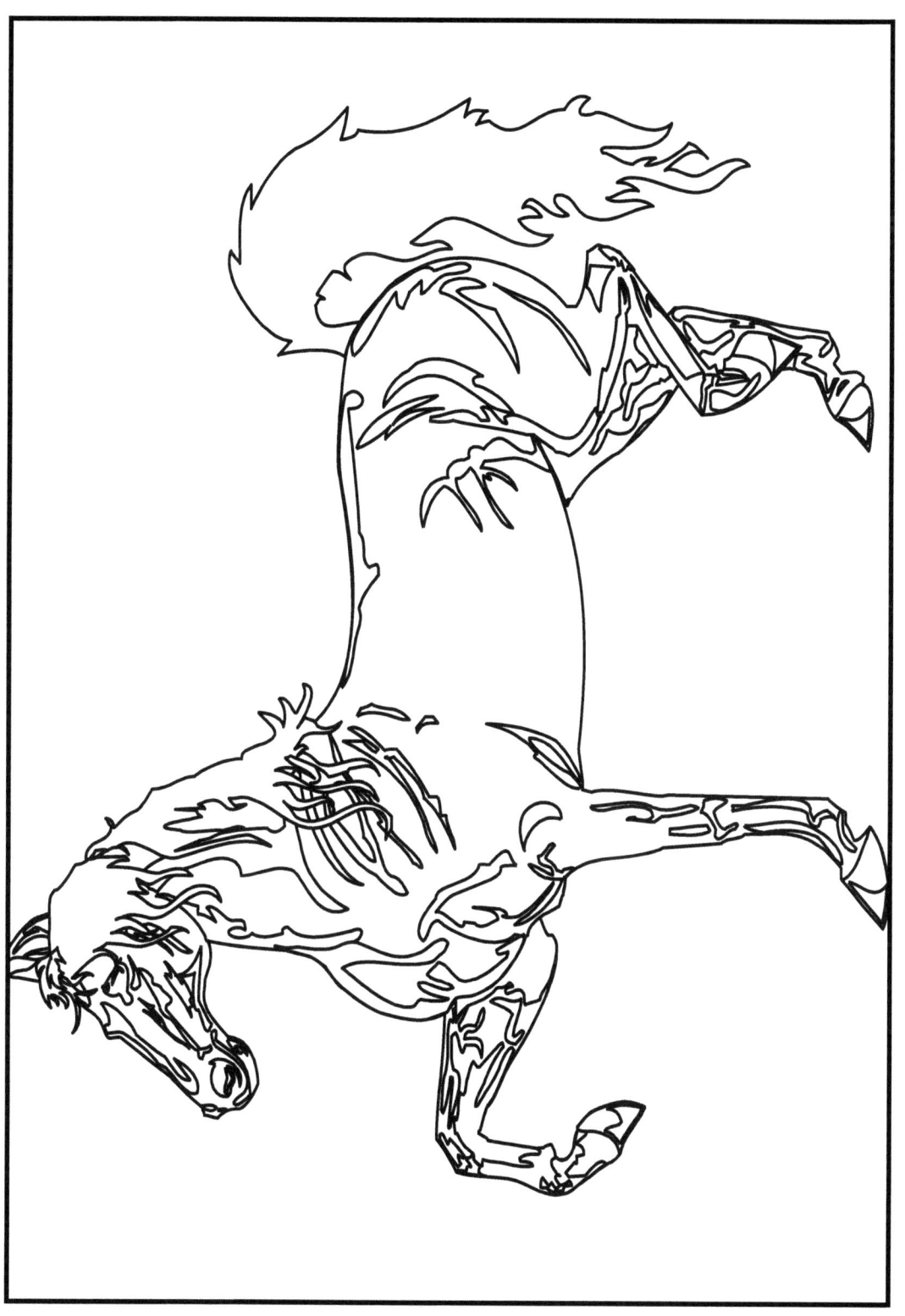

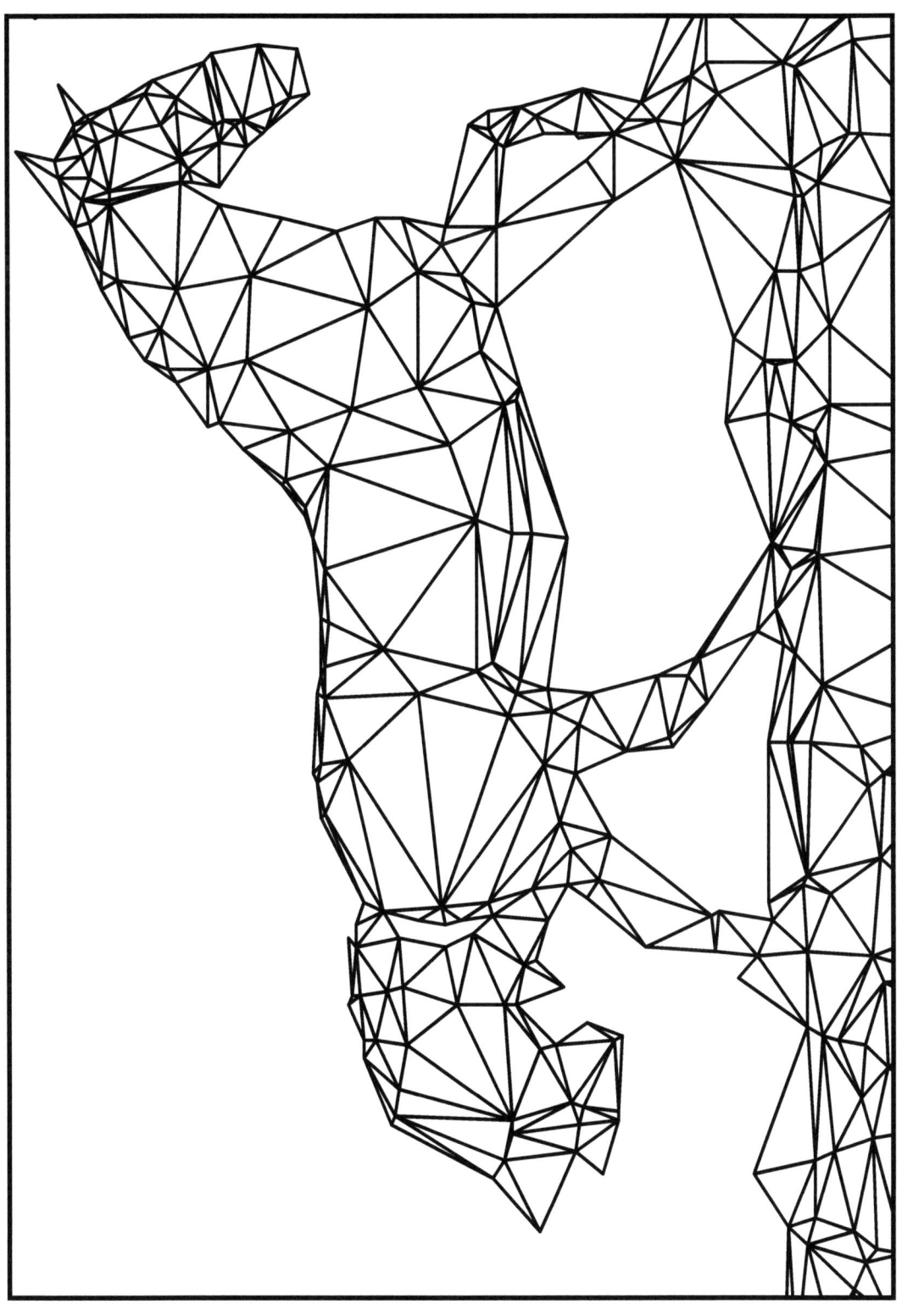

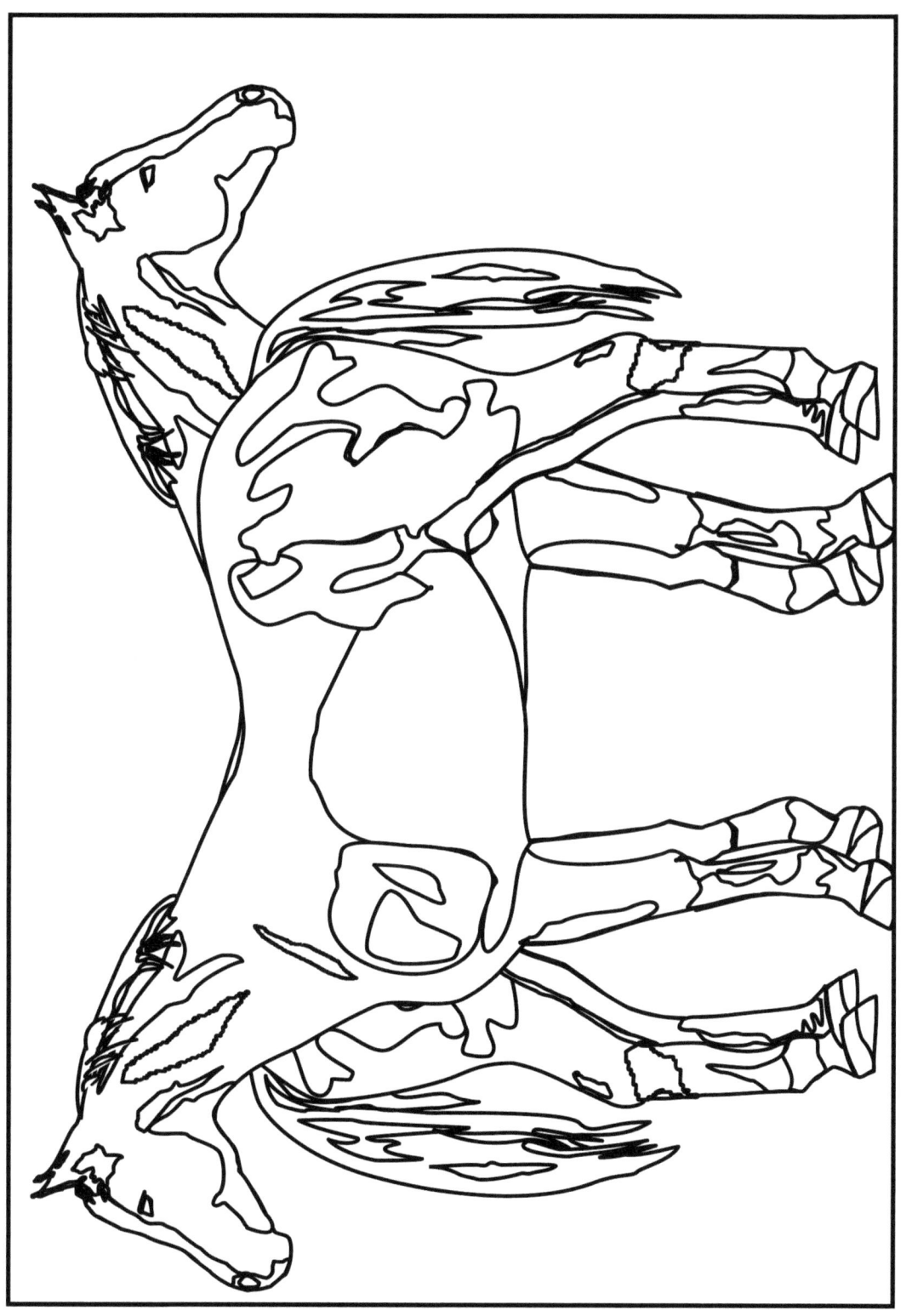

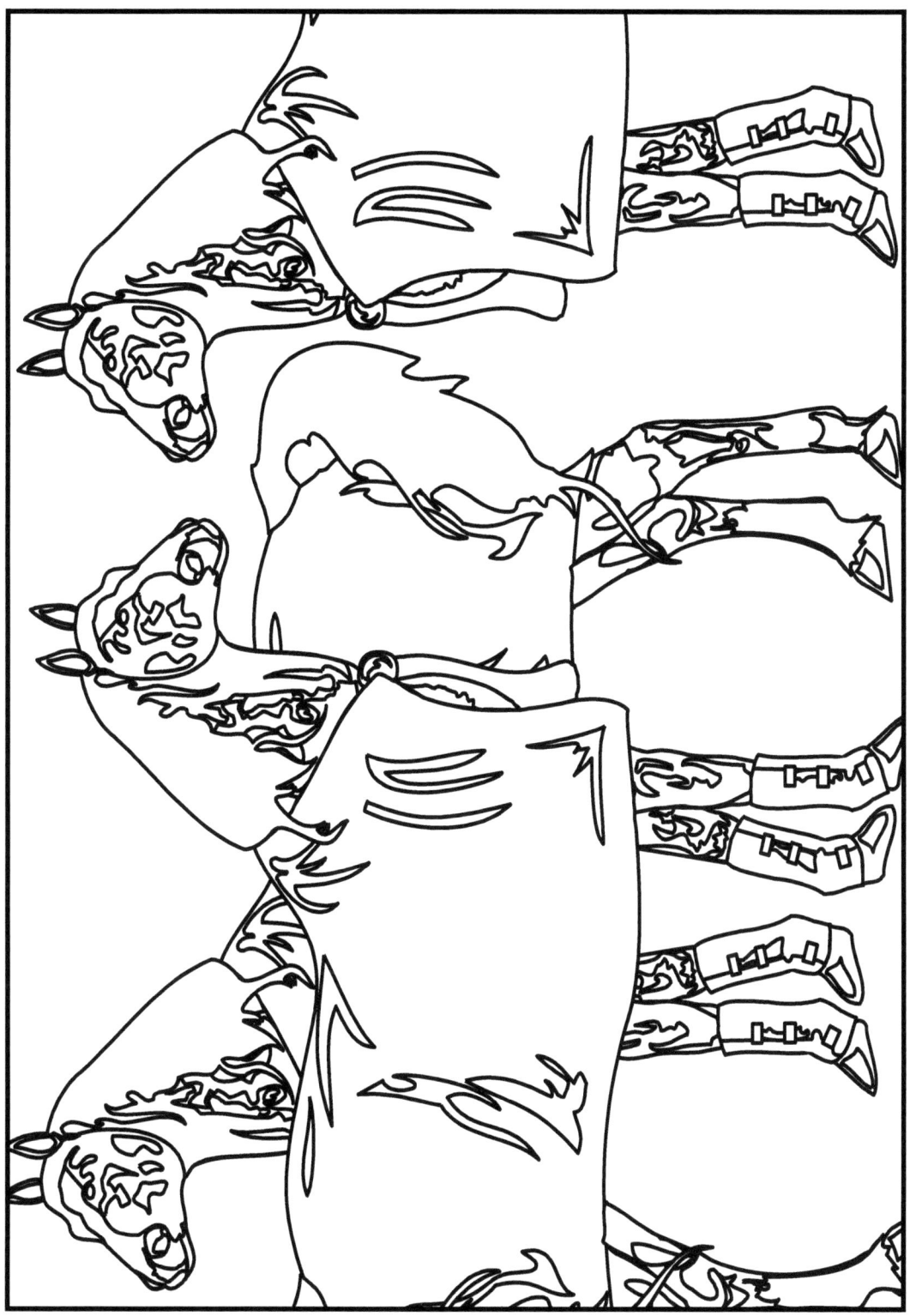

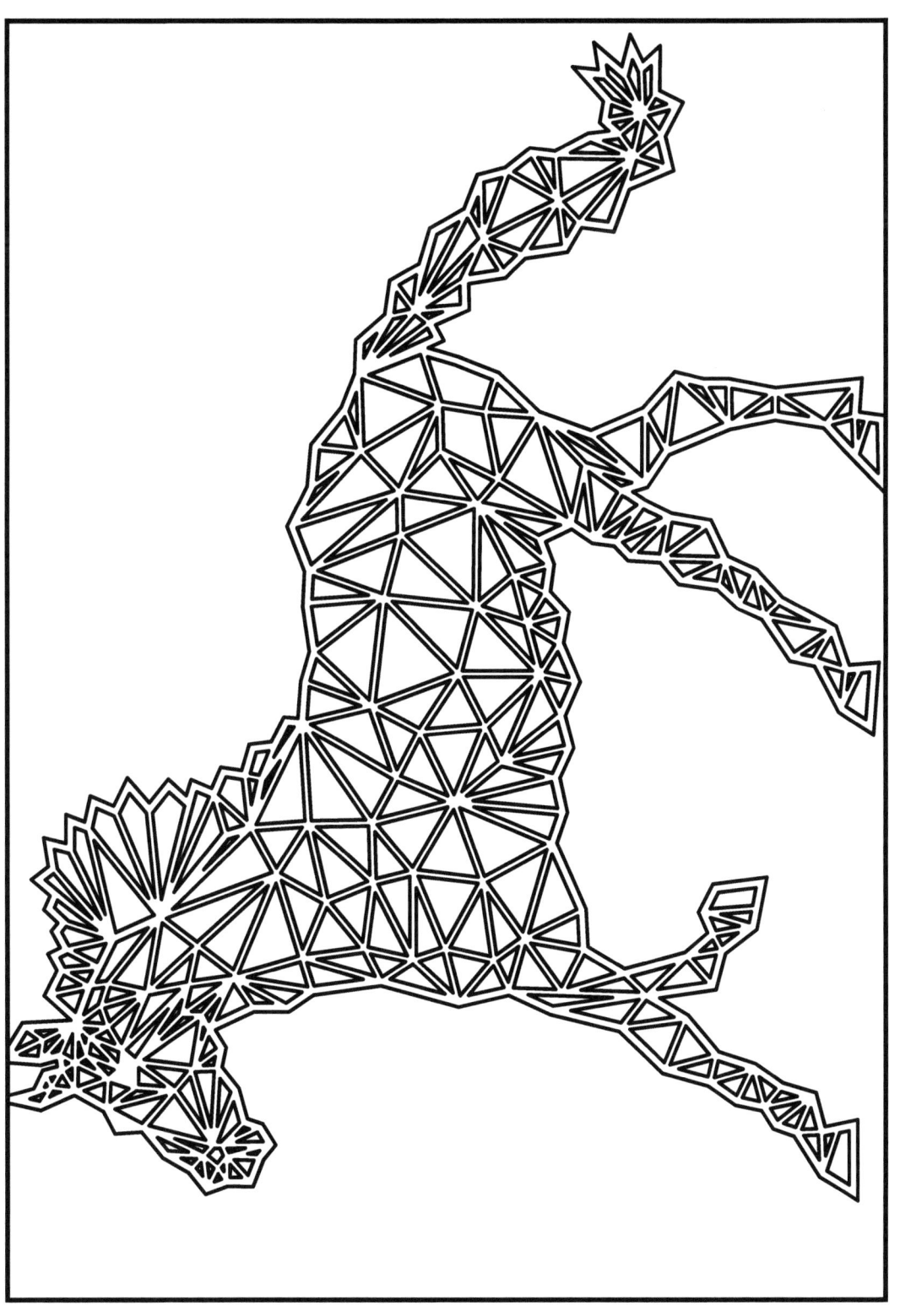